HANS TRAXLER

Mama, warum bin ich kein Huhn?

Kindheitserinnerungen

INSEL VERLAG

Insel-Bücherei Nr. 2035

INHALT

Mama, warum bin ich kein Huhn?

KLOFENSTER

Als Einjähriger soll ich ohne Anleitung hunderte Male das immer gleiche Motiv gezeichnet und zum Teil ausgemalt haben, das ich auf Befragen »Klofenster« nannte. Später erzählte mir ein Psychoanalytiker, diese frühe Besessenheit für rechte Winkel deute auf einen ausgeprägten Ordnungssinn, möglicherweise auch eine bedenkliche Nähe zu Rechthaberei und Starrsinn, die man im Auge behalten müsse.

Was ich damals nicht wusste: Im fernen Amsterdam kam zur gleichen Zeit der Maler Piet Mondrian zu ganz ähnlichen Bildformeln, mit denen er weltberühmt und steinreich wurde. Bald darauf trennten sich unsere Wege. Während Mondrian sein Leben lang fortfuhr, schwarze Kästchen zu zeichnen, die er in den Farben Gelb, Rot und Blau ausmalte, gab ich schon bald das Informel auf und zeichnete vielfigurige kleine Bilderstrips, zum Beispiel den mit den drei Bären, die bei großer Hitze auf einer Draisine über Land fahren und dabei haarsträubende Abenteuer erleben.

K + M + B
159

DAS HUHN

Ich bin auf einem Bauernhof aufgewachsen. Als Vierjähriger saß ich oft stundenlang vor dem alten Hühnerstall und beobachtete dessen Bewohnerinnen, die im Sande scharrten oder auf dem Heuboden saßen und seltsame Gurrlaute von sich gaben. Ihre kreisrunden starren Augen hypnotisierten mich. Eines Tages soll ich meine Mutter gefragt haben: »Mama, warum bin ich kein Huhn?«

Ich muss zugeben, dass ich in meinem späteren Leben nie wieder in solch philosophische Tiefen vorgestoßen bin. Auch ein so scharfer Denker wie Jean-Paul Sartre hat sich erst acht Jahre nach mir in den Kellern von St.-Germain-des-Près im Zuge seiner Lehre vom Existenzialismus an ähnliche Fragestellungen gewagt. Beantwortet hat er sie nicht.

EIN ALTERTÜMLICHER TOD

Ich war noch keine drei Jahre alt, da kam ein Brief aus Neuern im Böhmerwald an meinen Vater: Seine hochbetagte Mutter, die keinen Tag ihres Lebens krank gewesen war, habe sich gelegt. Wenn er sie noch einmal sehen wolle, müsse er sich beeilen.

Diese Formulierung, »Sie hat sich gelegt«, habe ich später noch öfter gehört. Sie betraf fast immer nur Frauen, die am Ende eines langen arbeitsreichen Lebens erschöpft waren oder an irgendeiner Krankheit litten, an deren medizinische Behandlung keiner und sie am wenigsten gedacht hätten. Also legten sie sich ins Bett, empfingen Besuche, nahmen immer weniger und am Ende gar keine Nahrung mehr zu sich und erwarteten geduldig den Tod, der nach ihrer Überzeugung ja nur der Übergang in ein anderes, schöneres und dauerhaftes Leben sei.

Gleich nach unserer Ankunft wurden wir Kinder noch einmal in ihr Zimmer gebracht, um uns von der Oma Katharina zu verabschieden. Im Sterbezimmer roch es nach Äpfeln, die auf dem Kleiderkasten und auf Wandbrettern trockneten. Die Greisin hatte sich tief in die Federkissen vergraben, ihr Gesicht lag unter dem großen leinenen weißen Kopftuch im Schatten.

Wir hatten ein Radio mitgebracht, um sie zu unterhalten, das war die Idee meines großen Bruders gewesen. Radio, das kannte sie nicht: »Euer Grammophon spielt aber viele Stickeln«, kicherte sie, und wir alle lachten. Dann zeichnete sie mit dem Daumen jedem von uns Brüdern ein Kreuz auf die Stirn. Wir durften gehen.

Gegen Abend erzitterte das alte Haus unter einem gewaltigen Donnerschlag. In den Stuben wurde es dunkel, der Himmel war pechschwarz, es donnerte und grollte unaufhörlich, von allen Seiten zuckten die Blitze, und dann fing es endlich an zu regnen.

Dieses schwere Unwetter dauerte drei Tage und drei Nächte, weil die Wolken, wie die Erwachsenen sagten, nicht aus dem engen Tal herausfänden.

Und während der ganzen Zeit wartete meine Großmutter Katharina Traxler keinesfalls geduldig auf ihr Ende. Vielmehr stand sie aufrecht in ihrer Bettstatt, hatte Federbett und Kissen auf den Boden geworfen und kämpfte buchstäblich gegen den Sensenmann, den sie wohl deutlich vor sich sah.

Das berichteten jedenfalls die Erwachsenen, die bei ihr wachten und abwechselnd mit besorgten Gesichtern in der Tür erschienen, um uns von der rätselhaften Kraft und Verbissenheit zu berichten, mit der dieses uralte Weiblein immer wieder gegen den Tod antrat: »Sie steht wieder!«

Nach drei Tagen war alles vorbei. Der Donner grollte noch immer von fern, aber im Zimmer der Großmutter wurden von den Frauen schon die Vorbereitungen für das Leichenbegängnis getroffen, während wir drei Buben in einem kalten Bach, der »Angel« hieß, versuchten, mit einem Schmetterlingsnetz Regenbogenforellen und Elritzen zu fangen, die sich unter den moosbewachsenen, sonnenbeschienenen Steinen versteckten.

KATHI

An einem heißen Sommertag sah ich der Magd Kathi zu, die den Hof fegte. Auf einmal hielt sie mit ihrer Arbeit inne, ihr Gesicht bekam einen versonnenen, ja beseligten Ausdruck, während sich unter ihren drei Kattunröcken ein kleines gelbes Rinnsal bildete, das bald im Sand versickerte. Kurz danach setzte sie ihre Arbeit gleichmütig fort. Noch heute, nach so vielen Jahrzehnten, erinnere ich mich an das ungläubige Staunen, das dieser Vorgang in mir auslöste. Es dauerte noch viele Jahre, bis mich mein Klassenkamerad Kurt Worrak aufklärte. Er führte mich an den Bücherschrank seines Vaters, wo ein Anatomiebuch stand. Gegen die Herausgabe meines wöchentlichen Taschengelds durfte ich den dicken Wälzer aufschlagen und stieß in dessen Mitte auf ein halbes Dutzend farbig bedruckte Cellophanblätter, die genau aufeinanderpassten und mich Schritt für Schritt vom Abbild einer nackten Frau in die geheimnisvollen Tiefen ihrer Anatomie führten. Es war eine einzige Enttäuschung. Dieser Worrak galt übrigens als ein ziemlich übles Subjekt, mit dem mir der Umgang von meiner Mutter verboten wurde. Er rauchte auch, hatte ein unruhiges Wesen und eine ins Gelbliche spielende Gesichtsfarbe.

DIE ZUCKERTÜTE

Als ich eingeschult wurde, bekam ich von meinen Eltern eine Zuckertüte geschenkt, die der örtliche Buchbindermeister Sabatil aus Pappe und Buntpapier zusammengeklebt hatte.

Diese Tüte war bis zu einer Tiefe von etwa zehn Zentimetern mit Vanillekipferln, Himbeerbonbons und selbstgemachten Pralinen angefüllt.

Der ganze Rest der Tüte bis hinunter in die vergoldete Spitze war mit grüner Holzwolle ausgestopft.

Es war dies wahrscheinlich in Böhmen damals die übliche Methode, fünfjährige Buben auf die Enttäuschungen vorzubereiten, die das Leben mit großer Wahrscheinlichkeit für sie bereithielt.

DIE ROTEN EIER

In der Zeichenstunde der 2. Klasse sollten wir vier auf einem Blatt vorgedruckte Eier mit Buntstiften in den Farben Gelb, Rot, Grün und Blau ausmalen. Eine Beschäftigung übrigens, die seit einigen Jahren auch unter erwachsenen Menschen zu einem Riesenhype geworden ist.

Ich malte aus Protest gegen diese beleidigend blöde Aufgabe zwei Eier rot an und weigerte mich, das nachträglich zu ändern. Dafür gab es vom Lehrer Schubert mit dem Tafelstock einen Hieb auf meine Zeichnerhand und einen leichten Tritt mit dem Innenrist seines linken Fußes, so dass ich unter dem Johlen der Klasse in die Bank zurückstolperte. Das doppelte Rot aber blieb.

Drei Jahre später wurde dem Lehrer Schubert, als er bei einem Tiefflieger-Angriff aus dem Fenster des Fronturlauberzugs schaute, der Kopf abgerissen. Ich sah mich damals als von der Vorsehung gerächt und soll gesagt haben: »Er hätte mich eben nicht schlagen sollen!«

Heute finde ich diesen Ausspruch des Zwölfjährigen ziemlich roh, vom gedanklichen Ansatz her aber gerechtfertigt. Ein Künstler sollte zu seinen Werken unter allen Umständen eisern stehen, der Kritiker aber in seinen Einwänden maßvoll, bescheiden und vorsichtig bleiben.

DER BAJAZZO

In meinem letzten Volksschuljahr veranstaltete unser böhmisches Dorf auf Betreiben meiner Mutter einen eigenen bescheidenen Faschingsumzug. Ich sollte auf einem der wenigen dekorierten Bauernwagen mitfahren, die von Kühen oder Ochsen gezogen wurden, in die Menge grüßen und selbstgemachte Süßigkeiten werfen. Für diese Aktion hatte sie mir einen Bajazzo-Anzug aus weißer und grüner Kunstseide genäht. Ich soll mich aber geweigert und so lange geheult und gezetert haben, bis meine Mutter schließlich aufgab und das Kostüm beleidigt in den Ofen warf.

Ich bin auf mein Verhalten noch heute stolz, wenn ich mir das erhalten gebliebene Beweisfoto ansehe, und habe immer die Meinung vertreten, dass Komik nicht alles darf, vor allem nicht, wenn sie auf meine Kosten geht. Wahrscheinlich entstand damals aus der Tiefe des Unbewussten meine Überzeugung, dass ich nicht der Mann für die große Bühne bin. Ganz folgerichtig schlug ich später nicht wie Aberhunderte, ja vielleicht – Tausende Menschen mit humoristischen Neigungen die Laufbahn eines Stand-up-Comedians ein, der sein Brot in Fernsehateliers, Fußballstadien oder Altersheimen verdienen muss. Vielmehr arbeite ich in einem zauberhaft stillen Atelier im Grünen, der schnurrende Kater zu meinen Füßen und der köchelnde Tea-Maker zu meiner Linken.

DIE MUTPROBE

Etwas abseits von meinem täglichen Schulweg stand eine windschiefe Scheune, die von ihrem Bauern aufgegeben worden war.

Man konnte sehen, wie es ihr von Jahr zu Jahr schwerer fiel, sich aufrecht zu halten. Ein paar Handbreit über dem Boden hatten Mäuse oder Ratten ein Loch in die morsche Bretterwand genagt.

Jedes Mal, wenn ich vorbeiging, steckte ich meine kleine Bubenhand in dieses Loch und zählte langsam bis zehn.

Ich rechnete jederzeit damit, von einer Maus oder einer Ratte gebissen zu werden. Wahrscheinlich von einer Ratte.

Das ging so den ganzen Sommer lang und weiter bis zum ersten Schneefall im Oktober. Bis dahin auszuhalten hatte ich mir versprochen.

Später habe ich mich, meist unter Gruppenzwang, an ganz anderen Mutproben beteiligt. Ich bin von Felsen hinunter in Sandkuhlen gesprungen, mit Schlittschuhen über tauendes Eis geflitzt und unter dem elend langen Bretterboden der Badeanstalt durchgetaucht.

Aber das zählte alles nichts gegen die grauenhaften, endlosen zehn Sekunden beim Griff in die morsche Scheune, in der es höchstwahrscheinlich von hungrigen Ratten, groß wie junge Schweine, mit roten Augen und messerscharfen Zähnen nur so wimmelte.

AUFKLÄRUNG

Paul Sundermann, Sextaner am Marienbader Gymnasium, hatte ein Paar weiße Kaninchen und lud uns ein, ihnen beim »Rammeln« zuzusehen. Wir könnten jederzeit vorbeikommen, da sie es praktisch pausenlos trieben, versprach er uns.

Wir, das waren ein halbes Dutzend verschwitzte Zehnjährige, versammelten uns in seiner Gartenhütte und starrten nachdenklich auf das Schauspiel, das sich unseren Augen bot.

Diese rasend schnellen, kurzen Bewegungen, nicht viel mehr als ein Zittern, und die kurze Verweildauer, das widersprach allem, was die großen Brüder uns in Aussicht gestellt hatten. Auch das winzige, regenwurmartige Glied des Rammlers, das einmal sekundenlang auftauchte, war befremdlich.

Schweigend trotteten wir nach Hause.

Ich habe nie erfahren, welche Folgen diese frühe Prägung, Sex sei etwas, das hastig, ohne Anzeichen von Gefühl und mit angelegten Ohren zu erledigen sei, für das spätere Sexualleben meiner Mitvoyeure hatte, fürchte aber das Schlimmste.

DIE GEIGE

Meiner Großmama mütterlicher Seite, einer fanatischen Leserin von Dienstmädchenromanen, war nicht entgangen, dass ich mich seit einiger Zeit von der Musik abgewandt hatte.

Immer häufiger schwänzte ich den Geigenunterricht bei Herrn Proksch und rodelte stattdessen auf dem hölzernen Geigenkasten über die vereisten Wiesenhänge. Großmama bedauerte diese Entwicklung.

Als ich sie nach dem Grund fragte, erzählte sie mir den Inhalt eines der Romane, den sie gerade gelesen hatte: Ein junger Mann, der wegen einer Unbesonnenheit seine deutsche Heimat verlassen musste, gelangt im Spätherbst bei strömendem Regen nach Paris.

Hungernd und frierend stellt er sich vor das Palais eines reichen Mannes, zieht seine Geige aus dem Schnappsack und spielt eine wehmütige Weise.

Da schickt der reiche Mann seinen goldbetressten Lakai vor die Tür und bittet den armen Musiker ins warme, hellerleuchtete Haus. Er lässt Wein und Braten auffahren, kleidet ihn aufs Vornehmste und gewinnt den fremden Geiger bald so lieb, dass er ihm die Hand seines Töchterchens und, als er bald darauf verstirbt, seinen gewaltigen Besitz vermacht.

An dieser Stelle machte Großmama eine wirkungsvolle Pause. »Du solltest das Geigenspiel auf keinen Fall aufgeben!«, schloss sie ihren Bericht und sah mich aus ihren dicken Brillengläsern eindringlich an.

Sie glaubte buchstäblich alles, was sie las, und mochte sich nicht vorstellen, jemand würde sich die Mühe machen, etwas zu schreiben und zu drucken, was dann am Ende gar nicht stimmte.

DIE ORGEL

Als der Schullehrer in den Krieg zog, spielte meine Mutter die alte Orgel in unserer Dorfkirche. Während sie mit Händen und Füßen die zwei Manuale und die Pedale bearbeitete, zwischendurch an den Registerknöpfen zog und damit dem alten Kasten brausende Klänge entlockte, war es meine Aufgabe, die großen und kleinen Orgelpfeifen mit Luft zu versorgen. Dazu trat ich zwei hölzerne Pedale an den Seiten des Gehäuses im Wiegeschritt, hielt mich mit beiden Händen an einer Messingstange fest und beobachtete dabei das Manometer, dessen Zeiger sich immer im grünen Feld aufhalten musste. Nur dann brauste, dröhnte und tirilierte die Orgel und begleitete den an- und abschwellenden Gesang der Gemeinde und den psalmodierenden Priester am Altar.

Mir war schnell klar, welche Macht mir da verliehen war. Ich nahm die Herausforderung an, stellte immer wieder für Sekunden das Treten ein und beobachtete den Zeiger, wie er langsam nach rechts wanderte und sich dem roten Feld näherte. Erst ganz kurz davor trat ich wieder in die Pedale. Das ging viele Sonntage gut in diesem Sommer. Niemand ahnte etwas von meinem riskanten Treiben. Aber dann ging es doch einmal schief, und zwar mitten im jubelnden »Ite missa est«. Die Orgel gab einen grässlich quietschenden Ton von sich, meine Mutter kriegte einen roten Kopf, der Priester unterbrach seinen Gesang und schaute wütend auf die Empore. Die Gemeinde drehte sich um wie ein Mann und tat es ihm gleich. An diesem Abend ging ich ohne Essen ins Bett.

Viele Jahre später hatte die römische Kirche wiederholt Anlass, sich über mich zu ärgern, über Bücher wie »Die Reise nach Jerusalem«, »Das Wunder von Anning« oder »Ich, Gott und die

Welt«. Aber nie mehr habe ich mit meiner Kirchenkritik eine derart unmittelbare, spontane und durchschlagende Wirkung erzielt.

GRIMASSEN

Im Kinderzimmer stand ein eisernes Gestell mit dem »Lavoir«, das war eine Waschschüssel aus bemaltem Porzellan, in der immer ein gefüllter Wasserkrug stand. Darüber ein kleiner Spiegel, davor ein Fußbänkchen, das ich, der Kleinste der Familie, besteigen musste, wenn ich mich im Spiegel betrachten wollte.

Das tat ich oft und lang, obwohl mich das Gesicht, in das ich schaute, befremdete und irritierte.

War ich das wirklich? Dieser Junge im Spiegel? Und blieb der da, wenn ich mich abwandte?

Ich starrte ihn an und er starrte zurück.

Ich kniff die Augen zu und er war weg. Ich öffnete sie, und gleich war er wieder da.

Dann fing ich an, meinen Mund zu verziehen, erst vorsichtig, dann immer hemmungsloser. Mein Spiegelbild folgte mir, obwohl ich mich kein bisschen gewundert hätte, wenn es unbewegt geblieben wäre.

An diesem Tag begann mein leidenschaftlicher, kindischer Hang zum Grimassenschneiden.

Ich bleckte die Zähne, streckte die Zunge heraus und berührte mit ihr meine Nasenspitze, lernte zu schielen und mit den Ohren zu wackeln, machte mir Schlitzaugen mit den Zeigefingern und gleichzeitig ein Froschmaul mit den kleinen Fingern, rümpfte die Nase und verzerrte mein Gesicht wie in höchster Pein in alle Himmelsrichtungen. All das übte und trieb ich in den nächsten Jahren geradezu zwanghaft, sobald ich an einem Spiegel vorbeikam, und ich machte dabei beträchtliche Fortschritte. Ein Familienfoto aus dieser Zeit mit meinen Brüdern Fritz und Franz und den ahnungslosen Großeltern zeigt deutlich die Spuren meiner Besessenheit.

Als ich meiner Sache sicher war, ging ich damit an die Öffentlichkeit.

Ich stellte mich vor den Hofhund, der mit einer langen Laufkette an seine Hütte angeschlossen war. Zuerst sprach ich ganz scheinheilig und harmlos mit ihm, und dann, ganz unvermittelt, zog ich die abscheulichste Fratze, die ich mir vorstellen konnte. Harras sah mich irritiert an, machte einen kleinen Satz zur Seite und verkroch sich in seine Hütte. Kein schlechter Anfang für mich.

Nun erweiterte ich meinen Radius. Ich setzte mich auf unsere Hausbank, und wenn ich jemand vorbeikommen sah, formte ich meine Hände zu Klauen, zerrte die Mundwinkel bis zum Hemdkragen herunter, zog die linke Schulter hoch und riss meine schielenden Augen weit auf. So verharrte ich minutenlang, bis ich wieder allein war.

Einmal gingen zwei Dorffrauen, die mit meiner Mutter befreundet waren, an mir vorbei. Sie blieben kurz stehen, wagten aber nicht, mich Unglücklichen anzusprechen. Sie sahen sich an, schüttelten die Köpfe, seufzten tief auf und gingen weiter. »Die arme, arme Frau«, mochten sie denken. »Ein Kind früh gestorben, das zweite wächst in der Fremde auf, und jetzt ist auch noch der Kleine geisteskrank.«

Die Sache muss wohl meiner Mutter zugetragen worden sein, denn sie nahm mich am nächsten Tag nach der Schule beiseite und redete mit ungewohnter Strenge auf mich ein.

Ich solle auf der Stelle mit diesem Unsinn aufhören und sie nicht zum Gespött des ganzen Dorfes machen. Und dann erzählte sie mir von einem Jungen namens Berti, der es nicht lassen konnte, Gesichter zu schneiden. Alles gute Zureden seiner Eltern konnte ihn nicht davon abhalten. Dem seien eines Tages, als er eine besonders hässliche Fratze zog, die Gesichtsmuskel erstarrt

und so geblieben, und kein Arzt konnte ihm helfen, so dass der arme Berti fortan mit einem schiefen Gesicht, einer heraushängenden Zunge und zum Himmel gedrehten Augen herumgehen musste.

Diese Geschichte fuhr mir gewaltig in die Glieder. Sofort lief ich in mein Zimmer, versperrte die Tür und nahm eine Pose ein, wie zwanzig Jahre später Charles Laughton in dem Film »Der Glöckner von Notre Dame«. Nachdem ich einige Zeit mit hängenden Armen durchs Zimmer getorkelt war, wurde mir klar, dass ich so nicht durchs Leben gehen wollte. Das Risiko war zu groß.

Ebenso klar war mir aber auch, dass ich so schnell nicht ganz von meiner Sucht lassen konnte.

Also gewöhnte ich mir an, mein Gesicht immer nur blitzschnell für eine Sekunde zu verziehen, nach Monaten des Übens sogar nur für den Bruchteil einer Sekunde. Diese Fertigkeit machte mir viel Freude.

Jetzt konnte ich sie in aller Öffentlichkeit, zum Beispiel im Zugabteil oder in einem Wartezimmer, an nichtsahnenden Erwachsenen ausprobieren, die sich wahrscheinlich hinterher irritiert fragten: »Habe ich das wirklich gesehen oder leide ich an Wahnvorstellungen?«

Ich beherrsche diese Technik noch heute, wende sie aber nicht mehr an.

FLIEGEN

Als ich sieben Jahre alt war, flog ich zum ersten Mal. Keine großen Strecken, meistens legte ich nur zehn oder zwölf Meter im Flug zurück, an guten Tagen vielleicht zwanzig oder dreißig Meter, nie mehr. Das mit den guten Tagen ist nur so eine Redensart, denn eigentlich flog ich immer nur nachts. Und ich flog auch nicht wirklich, sondern träumte, dass ich fliege.

Die Sache verlief immer auf die gleiche Weise. Kaum lag ich im Bett, fing ich an zu träumen. Ich ging über unsere Dorfstraße, zwischen Fußgängern und Pferdewagen. Und auf einmal, aus purem Übermut, breitete ich meine Arme aus, bewegte meine Handflächen nach unten, stieß mich von der Erde ab und flog. Nie sehr hoch, meistens in Kopfhöhe mit den Fußgängern, die nur kurz hinguckten, und dann wieder weg.

Ich ließ mir schon als kleiner Junge nicht gern etwas vormachen, deshalb glaubte ich auch in dieser Nacht nicht einfach, was da mit mir geschah. Das bildest du dir nur ein, dass du fliegen kannst, sagte ich mir immer wieder, während ich träumte, dass ich flog. Menschen können nun mal nicht fliegen, genauso wenig wie die Schafe und Kühe des Bauern Hiafl, unseres Nachbarn.

Aber dann konnte ich eben doch wieder fliegen. Ich stieß mich vom Boden ab, ruderte ein paarmal mit den Armen, und schon segelte ich gemächlich dahin. Ich spürte, wie der warme Aufwind in mein Hemd fuhr und es flattern ließ, über meinen Bauch strich er und hob mich hoch, manchmal nur einen halben Meter über die sandige Dorfstraße und selten höher als das Erdgeschossfenster meines Elternhauses.

So schwebte ich weiter und wunderte mich die ganze Zeit, dass das tatsächlich klappte. Du kannst wirklich fliegen, staunte ich, ob du es glaubst oder nicht. Wenn ich dann merkte, dass der

Aufwind nachließ, schob ich meine Beine nach vorn und landete in einer kleinen Staubwolke.

Aber es kam noch besser. Als das passierte, befand ich mich im Traum auf dem Sportplatz unserer Dorfschule. Sport war nicht gerade meine starke Seite, und Leichtathletik schon gar nicht, am wenigsten die kurzen Strecken. Schon beim Start kam ich als Letzter aus den Startlöchern, und im Weitsprung gelangte ich nie über die drei Meter zwanzig hinaus, drei Meter zwanzig, das war nahe an der Mädchenweite.

In dieser Nacht lief alles anders, und bis heute kann ich die ungläubige Begeisterung empfinden, die mein Jahrhundertsprung in mir auslöste. Leider nur bei mir, da es keine Zeugen gab. Als ich diesmal vom Sprungbalken abhob, landete ich nicht nach lächerlichen drei Metern im Sand, sondern segelte weiter und weiter, als wäre ich einer dieser Skiflieger, die mit weit vorgestrecktem Oberkörper endlos lang den Hang hinabschweben, zweihundert Meter und mehr. Ich war weit über die Sprunggrube hinaus geflogen, und als ich landete, stieß ich mit dem Kopf gegen eine Eckstange.

Über das, was am nächsten Morgen passierte, habe ich seither mit niemand gesprochen, und immer noch habe ich keine Erklärung dafür, was in dieser Nacht wirklich geschehen war.

Gesichert ist nur, dass ich mit einem blauen Auge am Frühstückstisch erschien. Alle starrten mich an, mein Vater, mein Großvater und mein älterer Bruder.

Gesichert ist auch, dass ich auf die Vorhaltungen meiner Mutter (»Eines Tages kommst du ohne Kopf nach Hause«) mürrisch erwiderte, das sei beim Sport passiert. Worauf meine Mutter mich daran erinnerte, dass der Sportunterricht seit zwei Wochen ausgefallen war, wegen Dauerregens und Unbespielbarkeit des Platzes.

Und sicher ist auch, dass ich in der großen Pause losrannte, auf den Sportplatz, und dass der Platz und die Laufbahn noch immer unter Wasser standen und die Sprunggrube eine Schlammgrube war. Aber der Eckpfosten! Stand er nicht ein wenig schief und war da nicht, als ich ihn betastete, in Kopfhöhe, in meiner Kopfhöhe, eine merkliche Delle? Gar mit ein paar dunkelblonden Haaren daran?

Jetzt wusste ich gar nicht mehr, was ich von der Sache halten sollte. Allmählich verschwammen Traum und Wirklichkeit ineinander und durcheinander. Benommen saß ich in der Schulbank und hörte den Lehrer Schubert wie aus weiter Ferne reden und reden und reden.

Von da ab habe ich nie mehr vom Fliegen geträumt. In den Jahren darauf träumte ich häufig von fremden Städten und Häusern, Gängen und Treppen, in denen ich mich hoffnungslos verirrte, oder von Gesellschaften, in denen ich plötzlich auftauchte, ohne Schuhe und Strümpfe, und manchmal in einem nicht ganz sauberen und zu kurzen Nachthemd.

Damals, als Siebenjähriger, arbeitete ich verbissen an meiner Sprungkraft, und fünf Jahre später landete ich bei den Schulmeisterschaften bei vier Meter fünfundachtzig, immerhin ein guter dritter Platz, aber nicht zu vergleichen mit dem unglaublichen Gefühl meines Jahrhundertflugs über die Sprunggrube hinweg, die Seitenlinie entlang und voll an den linken Eckpfosten des Fußballplatzes. Die Narbe über meiner linken Augenbraue kann ich heute noch ertasten. Auch wenn alle behaupten, da sei nichts.

SCHWESTER BENEDICTA

Meinen ersten Klavierunterricht erhielt ich von Schwester Benedicta im Kloster Einsiedl.

Das lag auf einem Berg, eine Wegstunde von meinem Heimatdorf. Dorthin wanderte ich auf einer staubigen, von Apfelbäumen gesäumten Straße, die Noten und ein zusammengeklapptes Butterbrot in der Umhängetasche.

Die Noten, das war die Liedersammlung »Sang und Klang fürs Kinderherz«, herausgegeben von Engelbert Humperdinck mit den herrlichen Bildern von Paul Hey: »Der Kuckuck und der Esel, die hatten großen Streit, wer wohl am besten sänge zur schönen Maienzeit.«

Leider war ich Noten-Legastheniker und nicht einmal in der Lage, ein solch einfaches Lied wie dieses von Carl Friedrich Zelter vom Blatt zu spielen. Deshalb, und um Schwester Benedicta zu gefallen, lernte ich jedes einzelne Klavierstück auswendig und tat dann so, als würde ich die Noten lesen, während ich spielte, indem ich auf das Blatt starrte und den Kopf wiegte.

Schwester Benedicta war die bei weitem schönste Frau, die ich je gesehen hatte, aber eigentlich war sie gar keine Frau, nicht einmal ein Mensch, eher ein Geistwesen. Sie roch nach Weihrauch und ihre Haut war alabasterweiß. Ihr makelloser gotischer Ornat, der nur das Gesicht freiließ – auch die Hände verbarg sie meistens in den weiten Ärmeln –, rauschte seidig geheimnisvoll bei jeder Bewegung.

Sie hatte eine marmorkühle Aura um sich, die sie unberührbar machte, und sie gab mir auch nie die Hand. Wenn sie sich zu mir herabbeugte, um auf eine Stelle in den Noten zu zeigen, ging ich beklommen auf Abstand.

Mein großer Bruder behauptete, Nonnen würden, im Gegen-

INRI

satz zu Mönchen, nie feste Nahrung zu sich nehmen. Ab und zu eine Hostie, das genüge ihnen völlig. Deshalb müssten sie auch nie aufs Klo gehen, oder allerhöchstens einmal im Monat, wenn überhaupt. Es gebe deshalb auch im ganzen Kloster Einsiedl keine Toilette, das wisse er vom Onkel eines Schulfreunds, der dort als Gärtner arbeite.

Ich war angenehm überrascht.

Die Vorstellung, dieses überirdische Wesen mit den bei einem Verdauungsprozess anfallenden Vorgängen in Verbindung zu bringen, erschien mir im höchsten Grade ungehörig.

Dann kam der Tag, an dem ich zehn Minuten zu früh das Musikzimmer betrat. Ein unglücklicher Zufall, da ich als Kind keine Uhr besaß.

Schwester Benedicta, die, mit dem Rücken zu mir, sich von ihrem Betschemel erhob, ließ hastig etwas in ihre weiten Ärmel verschwinden und drehte sich um.

Ich sah sie an und erstarrte. In ihrem linken Mundwinkel klebte ein kleiner Krümel, den sie mit flinker, rosenfarbener Zunge wegwischte.

Ein deutlicher Kalbsleberwurstduft hing im Raum.

Stürzte jetzt der Himmel ein? Zerriss der Vorhang des Tempels? Floss glühendes Blei von den Bergen, wie der Evangelist Johannes in seiner Apokalypse vorhergesagt hatte?

Nichts dergleichen.

Ich stand die Klavierstunde wie betäubt durch, packte dann wortlos meine Noten ein und lief, so schnell ich konnte, ins Freie.

Auf dem ganzen Heimweg brüllte und plärrte ich zornig die soeben gespielten Lieder vor mir her, trat gegen jeden Stein und köpfte die Blumen am Wegesrand.

Leberwurst mag ich bis heute nicht, allein der Geruch ekelt mich an.

KOLUMBUS

Als Jugendlichem schien es mir immer vollkommen logisch, dass einer, der Kolumbus heißt, eines Tages Amerika entdecken würde.

Hätte er irgendeinen Allerweltsnamen gehabt, wie Rossi oder Schulze, wäre aus ihm weiß der Himmel was geworden, aber Amerika hätte er n i e entdeckt.

Davon war ich fest überzeugt.

DIE SCHWEDENKREUZE

An einem Wiesenhang, fernab vom Dorf, standen zwei uralte, moosbewachsene Steinkreuze, aneinandergelehnt und halb im Boden versunken.

Das sei ein verfluchter Ort, sagte Mathilde, die Zugehfrau meiner Mutter. Sie halte sich nicht gern hier auf. Nachts spukten hier die Geister der zwei schwedischen Landsknechte, die von den Dörflern erschlagen worden waren.

Bet, Kindl, bet
morgen kummt der Schwed,
morgen kummt der Oxenstierna,
wird dem Kindl 's bet'n lerna

Dieses Lied wurde von den Müttern und Ammen ihren unartigen Kindern vorgesungen, die nicht einschlafen wollten.

Damals, im Dreißigjährigen Krieg, seien die Heere aller möglichen Völker kreuz und quer durch unser verwüstetes Land gezogen und hätten den Bauern das letzte Stück Vieh aus dem Stall getrieben, aber die Schweden seien die Schlimmsten gewesen, und Oxenstierna war ihr General.

Jetzt wollten wir aber genauer wissen, was die Schweden denn angestellt hätten. Darauf hatte Mathilde nur gewartet, und so erzählte sie uns alles haarklein, als sei sie dabeigewesen und als hätten die Schweden erst kürzlich und nicht vor dreihundert Jahren hier gewütet.

Wenn ein Bauer ihnen nicht verraten wollte, wo er seine letzte Kuh oder seinen letzten Scheffel Weizen versteckt hatte, banden sie ihn auf dem Stuhl fest, rissen ihm den Kopf an den Haaren zurück, hielten ihm die Nase zu und schütteten ihm einen Eimer Jauche in den Mund, so dass der arme Mann nicht anders konnte, als das stinkende Gesöff zu schlucken. Schwedentrunk nannten sie es.

Manchmal packten sie auch einen Menschen auf den Sägebock und sägten ihn mit einem nassen Seil der Länge nach durch.

An dieser Stelle der Erzählung zogen wir Buben die Luft hörbar durch die geschlossenen Zähne und kniffen die Beine zusammen.

Das sei aber bei weitem nicht das Schlimmste gewesen, fuhr Mathilde mit gerötetem Kopf eifrig fort. Die schlimmste Folter sei gewesen, dass sie den Bauern Salz auf die Fußsohlen streuten und die Ziege musste es ablecken, was sie auch gern tat. Das hätte so furchtbar gekitzelt, dass die Gefolterten ganz unbändig lachen mussten und nicht aufhören konnten. Ja, sie schrien und brüllten wie am Spieß und lachten gleichzeitig und bettelten um Gnade. Dieser Tortur hätten auch die Stärksten und Tapfersten nicht widerstanden, und viele seien vor Lachen gestorben, bevor sie ihr Versteck verraten konnten. Und ebendeshalb hätten die Dorfleute die zwei schlimmsten Übeltäter totgeschlagen und hier verscharrt. Auf den Kreuzen hatte der Pfarrer bestanden, weil die Soldaten ja Christen gewesen seien, so wie wir.

Als wir nachts in den Betten lagen, haben wir drei Buben uns darüber unterhalten, welche Todesart uns am liebsten gewesen wäre.

Der Schwedentrunk wurde sofort ausgeschlossen, den wollte keiner. Auch die Sache mit dem Seil fand keine Anhänger. Das Totlachen allerdings, das klang interessant. Ob das wirklich geht, das wollten wir jetzt mal ausprobieren.

Da es auf unserem Hof keine Ziege gab, streuten wir uns das Salz probeweise auf die Handfläche und leckten es ab. Es kribbelte ein wenig, aber es kitzelte nicht.

Dann also die Fußsohlen.

Sich gegenseitig das Salz von den Sohlen zu lecken, das kam

nicht in Frage. Also streute jeder das Salz auf die eigenen Sohlen, links oder rechts, das war kein Problem, wir konnten ja sogar die Füße hinter dem Kopf falten. Aber auch da war das Ergebnis enttäuschend, von Folter keine Rede.

Nach diesem Selbstversuch sah es ganz danach aus, als hätte Mathilde uns da einen Bären aufgebunden. Wahrscheinlich, dachten wir, ist der ganze Rest ebenso gelogen, um die Schweden schlechtzumachen.

Seltsam nur, dass ich später nie nach Schweden gereist bin, obwohl ich einmal bis nach Dänemark kam und nur über die große neue Brücke hätte fahren müssen.

HITLER

Als am 1. September 1938 die deutschen Truppen mit der Erlaubnis der Westmächte in die Tschechoslowakei einmarschierten, hieß es, der »Führer« werde ihnen folgen und dabei auch mit seinem dreiachsigen Mercedes durch unser Dorf fahren. Ich stand vor dem Elternhaus, um ihn zu begrüßen. In meiner verschwitzten Bubenhand hielt ich sein Portrait, das ich auf der UNDERWOOD-Schreibmaschine meines Vaters mit Hunderten von kleinen »m« getippt hatte, mal mit stärkerem, mal mit schwächerem Anschlag. Meine Familie war begeistert von der Ähnlichkeit, es sei Hitler »wie aus dem Gesicht gerissen«. In dieser aufwändigen Technik hatte ich vorher schon den Rennfahrer Tazio Nuvolari und die damals berühmte Sängerin Rosita Serrano portraitiert. Insgeheim erhoffte ich mir auch ein kleines Fachgespräch mit dem »Führer«. Ich wusste nämlich von meinem Vater, dass der in seiner Jugend, ebenso wie ich, Künstler werden wollte und sogar eine Zeitlang in Wien als Arbeitsloser vom Verkauf selbst gezeichneter Postkarten gelebt hatte, bevor er sich entschloss, Politiker zu werden.

Leider nahm Hitler eine andere Fahrtroute, aus Sicherheitsgründen, wie es hieß. Ich wollte das nicht glauben und stand noch stundenlang vor unserem Haus, auch als die Dorfbewohner sich mitleidige oder spöttische Blicke zuwarfen, und habe dem »Führer« sein Verhalten im Grunde nie verziehen.

DIE HEINKEL

Von meinen Blechspielsachen war das spannendste ein Bombenflugzeug des Typs HEINKEL HE 111 mit einem Uhrwerksmotor, das an einer Schnur, die quer durchs Zimmer gespannt war, fliegen und dabei eine Bombe abwerfen konnte. Den richtigen Zeitpunkt für den Abwurf musste man mit einem Rändelrad einstellen, was viel Fingerspitzengefühl erforderte. Ich bombardierte damit meine Ritterburg, Indianer, Bleisoldaten und die GAMA-Haubitze, aber meistens ging es daneben.

Manchmal spannte ich das Seil auch über der Badewanne auf und bombardierte den Schraubendampfer »Kaiser Wilhelm der Große«, der ebenfalls von einem Federmotor angetrieben im Wasser hin und her fuhr. Nun wurde es noch um vieles schwieriger, einen Treffer zu landen. Immer wieder musste ich mit hochgekrempelten Ärmeln die bleierne Bombe aus dem Wasser fischen und einen neuen Angriff starten. Die Sache endete gewöhnlich damit, dass mich meine Mutter mit Eimer und Wischmopp aus dem überfluteten Badezimmer vertrieb.

Vier Jahre später, im letzten Kriegsjahr, saß ich bibbernd im Luftschutzkeller, während von alliierten Bombenflugzeugen der Typen FLYING FORTRESS, AVRO LANCASTER und VICKERS WELLINGTON Bomben auf m i c h geworfen wurden. Auch sie haben mich nicht getroffen, obwohl sie es wiederholt versuchten.

FERDL

Ferdl Hasenkopf, mein älterer Cousin 2. Grades, brachte mir das Radfahren bei. Später ging er nach Spanisch-Marokko und verscholl dort.

Vorher schickte er mir eine Ansichtskarte aus Tetuan mit einer Briefmarke, die einen Hafen zeigte: weiße Häuser wie Bauklötze, ein Dampfschiff mit hohem, schwarzem Schornstein und zwei gebogene Palmen im Vordergrund.

Die Marke löste ich vorsichtig über dem Dampf des Wasserkessels ab und steckte sie mit der Pinzette in das Schaubek-Briefmarkenalbum.

1956, als Student der Frankfurter Kunstakademie, kam ich nach Tetuan. Ich setzte mich auf eine Kaffeeterrasse und zeichnete die Eingeborenen, die ihren Alltagsgeschäften nachgingen. Es waren fast nur Männer, die da vorbeikamen, in ihren langen weißen Djellabas mit Turban oder Fez, und keine Europäer.

Das wäre eine Überraschung, dachte ich, wenn jetzt der Ferdl Hasenkopf auftauchte, mit einem Tropenhelm auf dem Kopf und Wickelgamaschen an den Beinen. Oder mit Vollbart und Turban?

Ich hatte mir fest vorgenommen, keinerlei Überraschung zu zeigen und ihn ganz abgeklärt zu einem Pfefferminztee einzuladen.

Aber Ferdl kam nicht.

Stattdessen rappelte sich ein alter Araber auf, der gegenüber an einer Hauswand gesessen hatte, drohte mir mit der Faust und ging laut schimpfend davon. Als auch noch ein paar junge Burschen, die schon eine Weile dagestanden hatten, auf mich zukamen und hinter mir plötzlich der Wirt auftauchte, legte ich schnell eine Münze auf den Tisch und machte, dass ich wegkam.

»Der Alte hat geglaubt, du hättest ihm sein Gesicht geraubt«, erklärte mir mein Reisegefährte Christian Kruck. »Das ist so ungefähr das Schlimmste, was du ihm antun konntest. Mach das nie wieder!«

Vor dem Einschlafen fiel mir noch ein, dass der Ferdl Hasenkopf auf seinen Reisen auch immer gern gezeichnet hat.

DIE AUFERSTEHUNG

Mitten in der Pubertät, als ich an allem zweifelte, was die Erwachsenen mir erzählten, saß ich am Küchentisch und machte meine Schularbeiten. Schon den ganzen Nachmittag hatte mich eine blauglänzende Stubenfliege umbrummt und genervt. Dann ruhte sie sich einen Moment aus, ich nutzte die Gelegenheit und schloss sie blitzschnell zwischen dem äußeren und dem inneren Kastenfenster ein. Dort rumorte sie noch eine Weile, dann war es still.

Am nächsten Morgen lag das lästige Tier mausetot auf dem Rücken.

Nach zwei oder drei Stunden öffnete ich die Fenster und ein Wunder geschah. Das eben noch tote Insekt kam auf die Beine, putzte sich und flog in einer eleganten Kurve in den blauen Himmel, wurde kleiner und kleiner, bis es schließlich meinen Blicken entschwand.

Was hatte ich da soeben gesehen? Gab es doch ein Leben nach dem Tode und stiegen die Auferstandenen wirklich in den Himmel auf? Und wenn dies einem so niedrig stehenden Tier wie einer Stubenfliege widerfuhr, um wie viel mehr musste das doch für einen Menschen oder gar für eine Heilige gelten wie die Jungfrau Maria, deren Himmelfahrt wir gerade mit einem schulfreien Tag gefeiert hatten?

Als ich in der nächsten Religionsstunde von meinem Erweckungserlebnis berichten wollte, winkte der Katechet aber nur ärgerlich ab. Er kannte mich und ahnte, was da wieder auf ihn zukam.

HAMSUN

»In den letzten Tagen dachte und dachte ich an des Nordlandsommers ewigen Tag. Ich sitze hier und denke an ihn und an eine Hütte, in der ich wohnte, und an den Wald hinter der Hütte, und ich mache mich daran, einiges niederzuschreiben, um die Zeit zu verkürzen und um meines Vergnügens willen.«

So beginnt der Roman »Pan – Aus Leutnant Thomas Glahns Papieren«. Ich war dreizehn Jahre alt, als ich diese Sätze zum ersten Mal las. So und nicht anders, dachte ich, muss Literatur klingen. In den nächsten Jahren habe ich fast alle seine Bücher gelesen, von »Hunger« (mehrmals) über »Mysterien« (sechs Mal) bis zu den Landstreicherromanen. Mit meiner Faszination war ich damals nicht allein. Er galt für mehrere Generationen von Lesern als der bedeutendste europäische Romancier, aber auch viele seiner Kollegen, von Thomas Mann über Maxim Gorki bis Henry Miller, lobten ihn in den höchsten Tönen, und Isaac Bashevis Singer verkündete: »Hamsun ist in jeder Hinsicht der Vater der modernen Literatur.«

Leider mischte der sich in die Politik, und da stürzte er ab wie keiner vor ihm. Als er 1952 starb, war er geächtet, enteignet, fast blind, stocktaub und vollkommen mittellos. Seine Landsleute hatten ihm nie verziehen, dass er sich auf die Seite der verhassten deutschen Besatzer geschlagen hatte.

»Er wird als der größte Lebende bezeichnet«, klagte seine Frau, »aber wir haben kein Geld, um ihn unter die Erde zu bringen. Und er liegt in Fetzen auf seinem Sterbebett.«

Davon wusste ich noch nichts, als ich mich, vom hohen Ton seiner hypnotisierenden Prosa betäubt und beglückt, von Roman zu Roman tragen ließ.

Und es war nicht nur der Ton, es waren auch die Figuren, die mich so tief beeindruckten, dass ich sie nachahmte. Zu Hause und in der Schule fing ich an, wie Leutnant Glahn zu sprechen: Sparsam mit Worten, mürrisch, oft gleichgültig und wegwerfend, manchmal brach ich ein Gespräch mittendrin ab und sah in die Ferne, als hätte ich Besseres zu tun.

Ich ging mit meiner Hamsun-Verehrung so weit, sie auch auf seine Frau Marie zu übertragen, und illustrierte für mich ihr Kinderbuch »Die Langerudkinder im Winter«. Ziemlich hölzern, finde ich, wenn ich mir die Zeichnungen auf braunem Packpapier des Fünfzehnjährigen heute ansehe.

Für den Roman »Segen der Erde«, dafür bekam Hamsun den Nobelpreis, entwarf ich einen Umschlag. Es war mein erster, dem in den folgenden Jahrzehnten zweihundert weitere folgten.

Vor ein paar Jahren malte ich für einen befreundeten Antiquar ein Ladenschild: Thomas Mann, überlebensgroß. Dafür schenkte er mir, dem ich einmal von meiner jugendlichen Begeisterung für Hamsun erzählt hatte, dessen Gesamtwerk. 24 Bände, die sich ein Bücherfreund in den zwanziger Jahren hatte neu binden lassen: marmoriertes Papier und herrliche moosgrüne Lederrücken mit Goldprägung.

Die stehen seither in meinem Bücherschrank. »Viktoria«, »Benoni und Rosa«, »Die Weiber am Brunnen«, »Redakteur Lynge«, »August Weltumsegler«, alle.

Ich habe keinen einzigen wieder gelesen.

Oft stehe ich davor.

Würde es mir damit genauso gehen wie mit meinen anderen Jugendbüchern, die ich mir in den letzten Jahren wieder besorgt habe? »Die Flusspiraten des Missisippi«, »Der Schatz im Silbersee«, »Sigismund Rüstig«? Bei keinem dieser Romane hatte sich beim Wiederlesen die alte Magie wieder eingestellt.

Und Hamsun?

Eines Tages will ich es wissen. Jetzt noch nicht. Wahrscheinlich fange ich mit »Pan« an. Oder doch mit den »Mysterien«? Und werde wieder Johan Nielsen Nagel, dieser seltsame Scharlatan, der eines Tages im gelben Anzug, den Geigenkasten unterm Arm, mit dem Postschiff ankommt, den kleinen Küstenort aufmischt und am Ende von der Landungsbrücke ins Meer springt?

Ich bin gespannt.

DER GOEBBELSWITZ

Witze über Nazigrößen zu erzählen war riskant, und besonders komisch waren die Witze auch nicht. Meistens ging es dabei um den eitlen Reichsmarschall Hermann Göring, der mehrmals am Tag seine Uniform wechselte. Bei der Kapitulation trug er eine schlichte Montur im Stil der anglo-amerikanischen Truppen. Mit dieser Geste wollte er den Siegern wohl signalisieren, dass man mit ihm quasi auf Augenhöhe verhandeln könne.

Einmal soll er gesagt haben, er wolle Meier heißen, wenn sich je ein feindliches Flugzeug am deutschen Himmel zeigen würde. Als die dann jede Nacht zu Tausenden kamen, wurde er prompt Reichsmarschall Meier genannt. Damit war schon die Grenze des tolerierten politischen Witzes erreicht und gleichzeitig dessen Niveau vorgegeben.

Dann aber tauchte eines Tages wie aus dem Nichts auf dem Schulhof des Königgrätzer Gymnasiums ein Spitzenwitz auf, der schien direkt aus der DADA-Werkstatt von Tristan Tzara und Richard Huelsenbeck zu kommen. Namen, von denen wir damals noch nie gehört hatten.

Er imitierte eine Radio-Ansprache des hinkenden Propagandaministers Joseph Goebbels, Hitlers fanatischsten Anhängers, und der ging so:

Wenn einige Leute meinen,
ich hätte einen Klumpfuß,
so ist das nur die Batterie
zu dem Apparate,
durch den ich heute Abend
zu Ihnen spreche.

Persil

Ich habe keine Erklärung dafür, wie dieser Ausnahmewitz in einem so witzarmen Umfeld entstehen und sich verbreiten konnte. Aber ich schwöre, dass ich keine Silbe geändert habe.

Sehr seltsam, das Ganze.

DER VOLKSEMPFÄNGER

Im Wohnzimmer der Großeltern stand ein SACHSENWERK-Radio, das war ein schweres Möbel aus Walnussholz mit goldfarbenen Zierstreifen und einem beleuchteten »Magischen Auge«. Damit konnte man die Sender scharf einstellen: Beromünster, Königs Wusterhausen oder Wilna.

Auch BBC London war zu empfangen, der Feindsender. Wenn das Pausenzeichen ertönte, vier dumpfe Paukenschläge, wurde hastig weitergedreht. BBC zu hören war streng verboten, das konnte ins Auge gehen.

Eines Tages war das prächtige Radio weg. Jetzt stand da ein popliger Volksempfänger aus Bakelit mit einer winzigen halbrunden Senderskala, darüber der Reichsadler mit dem Hakenkreuz. Dieses Radio kostete 50 Reichsmark, mit dem konnte man keine Auslandssender hören.

Aber den Reichssender Leipzig mit dem »Wunschkonzert«. Dort trat der Bassbariton Wilhelm Strienz mit seiner Paradenummer auf, die immer wieder gewünscht wurde, einem Hohn- und Spottlied auf den englischen Premierminister und Ersten Lord der Admiralität, Winston Churchill. Der Refrain ging so: »O Lügenlord, o Lügenlord, zieh's Segel ein, spring über Bord! Da drunten ist noch ein Plätzchen frei für den Ersten Lord von der Seeräuberei.«

Wenn sich das stürmische Gelächter im Sendesaal gelegt hatte, trat das nordische Stimmwunder Zarah Leander auf, die mit ebenfalls sehr tiefer Stimme vortrug: »Der Wind hat mir ein Lied erzählt« oder »Ich weiß, es wird einmal ein Wunder geschehn«.

Da legten die Frauen ihr Strickzeug weg und bekamen glasige Augen.

Das Beste kam zum Schluss: Lale Andersen. Die hörten sogar unsere Feinde im Schützengraben: »Wenn sich die späten Nebel drehn, werd ich bei der Laterne stehn, wie einst Lili Marleen.«

Wenn der »Führer« sprach, versammelte sich die ganze verbliebene Familie um das Gerät. Vielleicht würde er ja heute die neue Wunderwaffe ankündigen, über die man schon die tollsten Gerüchte gehört hatte: unsichtbare Nurflügelbomber und Jagdflugzeuge mit Magnetstrahlenkanonen, die die feindlichen Bomberschwärme schon aus großer Entfernung zum Absturz bringen konnten, indem sie die Zündungen ihrer mächtigen Motoren lahmlegten.

Das würde ja auch langsam Zeit, sagte meine Großtante Angelika, die sehr ungern mit fremden Menschen im Luftschutzkeller saß.

Leider war der Empfang auf der Mittelwelle lausig. Ich saß vor dem Gerät, die linke Hand am Lautstärkeregler, die rechte am Senderknopf. Der Ton schwoll an und ab, und manchmal blieb er ganz weg und es pfiff und jaulte. Auch Hitlers Stimme war anfangs leise und wurde lauter, und wenn er von Churchill sprach, fing er an zu schreien. Ich glaube, den hat er am meisten gehasst.

Am Ende brüllte der ganze Saal vor Begeisterung, zum großen Teil schwerverwundete Soldaten mit weißen Verbänden und geschienten Armen und Beinen. Und dann wurde das Deutschlandlied angestimmt und gleich darauf das flotte Horst-Wessel-Lied: »Kam'raden, die Rotfront und Reaktion erschossen, marschier'n im Geist in unsern Reihen mit.«

Mit den Wunderwaffen war es mal wieder nichts gewesen, dafür kam über den Drahtfunk eine »Luftlagemeldung«: »Feindliche Bomberverbände im Anflug auf den Raum Braunschweig.«

Braunschweig, das war weit weg, das galt nicht uns.

Das galt den Berlinern. Alle gähnten und reckten sich und verschwanden einer nach dem andern.

Heute würde man wieder mal richtig durchschlafen können, das war ja auch was wert.

HUNGER

Je länger der Krieg dauerte, desto magerer wurde die Ernährung. Am Ende gab es ein Pfund Schwarzbrot und zehn Gramm Fett am Tag und ein Ei pro Woche. Der ganze Rest war Ersatz: Kaffee-Ersatz aus Getreide, Marmeladen-Ersatz aus Rüben, Schokoladen-Ersatz aus Zellstoff, Tee aus Kräutern, Kuchen aus Kartoffeln, Margarine statt Butter und Steckrüben in jeder Form und jeden Tag. Manchmal eine Sonderzuteilung von Pferdefleisch. Richtige Milch gab es nur für stillende Mütter und Schwerarbeiter, wässrige Blaumilch für alle anderen.

Da diese kalorienarme Kost nie sehr lange anhielt, ging ich jeden Abend hungrig ins Bett. Es gibt ein Foto von mir aus dieser Zeit, aufgenommen in der Badeanstalt. Ein blasses, mageres Kind mit einem Kugelbauch. Das war der Kartoffelbauch.

Damals wusste ich noch nicht, dass es in den ersten Nachkriegsjahren noch schlimmer kommen würde, mit dem eiskalten Hungerwinter 1947, als die Flüsse zufroren, die Vögel tot unter den Bäumen lagen und die Bevölkerung aus den Städten aufs Land ausschwärmte, um etwas Essbares zu erbetteln oder einzutauschen.

Jetzt, im Krieg, versuchten die Menschen, sich Tiere zu halten, obwohl das streng verboten war. Auf dem Land fiel das natürlich nicht so auf, aber wer in der Stadt lebte, musste sich etwas einfallen lassen. Da es keine Ställe gab, wohnten die Tiere auf Dachböden und in Kohlekellern, in leer stehenden Häusern oder in Hinterhöfen und Vorgärten. Ein Nachbar hielt eine Zeitlang ein Schwein auf dem Balkon, den er mit Decken zugehängt hatte. Eines Tages waren beide verschwunden, das Schwein und der Nachbar. Er war verraten worden.

Auch wir hielten uns ein Tier, ein Lämmchen, nicht viel größer als eine Katze, ein niedliches, pummeliges Tier mit einem

dicken Lockenkopf und wolligen Beinen. Ich nannte sie »Susi«. Sobald ich den Obstgarten hinterm Haus betrat, lief Susi laut blökend auf mich zu und wollte gestreichelt werden.

Das ging so einen schönen Sommer lang. Susi wuchs heran und hatte bald einen dicken weißen Pelz, in den ich meine Bubenhände vergraben konnte.

Dann kam Weihnachten.

Mit knurrendem Magen saßen wir eingemummt am Tisch und schauten hinüber auf die kahlen Obstbäume, unter denen Susi im Nebel stand und uns beobachtete.

»Was gäbe das für einen schönen Pullover«, seufzte meine Mutter. »Und einen langen Schal für Papa und warme Socken für uns alle. Und wir könnten uns alle richtig satt essen bis ins neue Jahr.«

Susi schaute immer noch mit ihren wasserhellen Augen zu uns herüber.

Ob sie ahnte, was ihr blühte?

Nach einer langen Pause murmelte mein Vater, der ein weiches Herz hatte: »Ich kann's nicht.« Und damit war die Sache erledigt.

Susi blieb bis zum Ende des Krieges im nächsten Frühjahr bei uns. Als die Front sich näherte, schickte meine Mutter mich mit leichtem Gepäck zu den Großeltern im Westen. Sie kam später nach, aber mein Vater musste bleiben. Ich habe weder ihn noch Susi, das Schaf, wiedergesehen.

MEIN BRUDER, DER SEEHELD

Mein fünf Jahre älterer Bruder meldete sich freiwillig zur Kriegsmarine, obwohl er nicht schwimmen konnte. Er erklärte mir, dieser scheinbare Mangel sei ihm sehr zugutegekommen, da Seeleute grundsätzlich Nichtschwimmer seien, immer gewesen seien, auch die Kapitäne und Admirale.

Wenn ihr Schiff getroffen wird und untergeht, stehen sie auf der Kommandobrücke, legen die Hand an die Mütze und rauschen so in die Tiefe.

Einmal ging die ganze Familie ins Kino, weil dort in der Kriegswochenschau mein Bruder Fritz gezeigt wurde, der mit der ganzen Mannschaft auf Deck angetreten war und von seinem Flotillenadmiral das Eiserne Kreuz 2. Klasse angeheftet bekam. Sein Schiff war ein U-Boot-Jäger, aber es war gar kein richtiges Kriegsschiff, sondern die Luxusyacht des dicken ägyptischen Königs Faruk.

Als die deutschen Truppen Frankreich besetzten, entdeckten sie im Hafen von Marseille das verlassene Schiff des königlichen Playboys, montierten auf das Vorderdeck eine kleine Kanone und auf das Achterdeck ein Katapult für den Abwurf von Unterwasserbomben.

Mein Bruder, der nicht nur nicht schwimmen konnte, sondern auch im ganzen Krieg keinen einzigen Schuss abgegeben hatte, bekam ein kleines Büdchen auf das Oberdeck gesetzt, in dem er das Funkgerät bediente.

Wenig später wurde Faruks schöne Yacht von einem schwer gepanzerten amerikanischen Flottenverband vor der Küste von Oran aufgestöbert und versenkt. Gleich mit der ersten Salve ging mein Bruder mitsamt seinem hölzernen Funkbüdchen über Bord und klammerte sich dann drei Stunden lang im warmen Mittel-

meer daran fest, bevor er aufgefischt und nach Amerika gebracht wurde: Camp Shoemaker, Montana.

Einmal schrieb er von dort.

In dem mehrfach zensierten Brief steckte ein kleines buntes Bildchen des Pin-up-Girls Betty Grable in einem knappsitzenden zitronengelben Badeanzug. Sie blickte über die leicht hochgezogene rechte Schulter auf den Beschauer und kniff das rechte Auge zu.

Das war eine andere Nummer als die UFA-Stars: Die fade Irene von Meyendorff, die immer tränenfeuchte Augen hatte, oder die pummelige Kristina Söderbaum, die ich mir nicht in einem zitronengelben Badeanzug vorstellen mochte.

Betty Grable bewahrte ich in meinem hölzernen Federkasten auf, sie verschaffte mir ein hohes Ansehen in der Klasse.

DER WALDBAUERNBUB

Gegen Ende des Zweiten Weltkriegs, als immer mehr deutsche Städte in Flammen aufgingen, brach mein Vater eines Abends das Schweigen, in dem wir unser kümmerliches Nachtmahl verzehrten: Blumenkohl in Mehlschwitze mit wässrigen Salzkartoffeln.

Er wisse nicht, sagte er, wie wir jemals die Millionen von Häusern wieder aufbauen sollten, die jetzt in Schutt und Asche liegen. Selbst wenn wir ausnahmslos alle Wälder von der Nordsee bis zu den Alpen abholzten, würde das nie ausreichen, um die Millionen verbrannter Dachstühle zu ersetzen.

Er sprach nie über die Millionen Toten oder die Hunderttausende, die Arme und Beine verloren hatten und längst ein täglicher Anblick in den Städten waren, an Krücken humpelnd oder die leeren Uniformärmel mit Sicherheitsnadeln hochgesteckt.

Seine Sorge galt dem Wald.

Er war in Neuern im Böhmerwald geboren und aufgewachsen, als Nachkomme des Kleinbauern Georg Traxler, der dort seit 1780 im Kirchenbuch steht. In einem Land zu leben, das alle seine Wälder abholzen musste, um Dachstühle zu bauen, das war von allen denkbaren Schrecken des Krieges für meinen Vater der allerschrecklichste.

NACHTANGRIFF

Im letzten Kriegsjahr verbrachte ich viel Zeit im Luftschutzkeller. Um die Mittagsstunde kam die Vorwarnung über den Drahtfunk, dann der Alarm, das gefürchtete auf- und abschwellende Heulen der Luftschutzsirenen, die auf den Dächern standen. Zeit für mich, das Fahrrad zu besteigen und im großen Gang über ein freies Feld ins Stadtzentrum zu fahren, wo meine Mutter im Vorzimmer des Standortältesten Major F. ihren Kriegsdienst versah.

Dort, im düsteren Bau der Kommandantur, gab es einen zwei Stockwerke tiefen Luftschutzkeller, der als bombensicher galt. Wenn ich die Treppe hinunterjagte, war die Stahltür meistens schon geschlossen, aber der Luftschutzwart, der einen Feuerwehrhelm mit Nackenschutz trug, kannte mich und ließ mich ein.

Im Schutzraum, der mit Balken abgestützt war, saßen ein paar Dutzend Anwohner, meistens alte Leute und Frauen mit ihren Kindern, die angstvoll auf das näher kommende Grollen und Wummern der Explosionen lauschten. Wenn dann eine Bombe in der Nähe einschlug, die stickige Luft im Keller sich mit Rauch und Mörtelstaub füllte und die nackten Glühbirnen, die von der Decke hingen, zu tanzen anfingen, bekreuzigten sich die älteren Frauen und riefen ihre Schutzheiligen an: »Heilige Barbara, bitt' für uns …«

Ich rückte näher an die Wand. Dort sei man sicherer, hieß es, falls die Kellerdecke unter der Last des zusammenstürzenden Gebäudes einbreche.

Ich stieg sehr ungern in diesen gruftigen Keller hinunter und behauptete, ich würde die Angriffe hundertmal lieber im Freien erleben als in diesem finsteren Luftschutzbunker, wo man wahrscheinlich eines Tages verschüttet würde und dann wer

weiß wie lang darauf warten müsste, wieder ausgegraben zu werden.

Mein Wunsch wurde erfüllt, als wenige Wochen später die Royal Air Force ohne Vorwarnung in der Nacht kam. Es war eine eindrucksvolle Inszenierung, die da vor meinen Augen ablief, und sie hatte etwas Weihnachtliches.

Zuerst flatterten Tausende von glitzernden Lamettastreifen herab, die sollten die Ortungsgeräte der Luftabwehr irritieren. Dann kamen die Christbäume, das waren an kleinen Fallschirmen langsam herabschwebende sternenfunkelnde Leuchtkörper, die das Zielgebiet für die Bombenschützen absteckten, und als Höhepunkt ein Dutzend Leuchtbomben, die ebenfalls sehr langsam herabsanken, den Nachthimmel minutenlang in gleißendes Licht tauchten und dabei den Mond und die Sterne verblassen ließen. Dazu kamen das vielfältige Singen der Flugmotoren direkt über uns, die weißen Strahlenbündel der FLAK-Scheinwerfer, die ab und zu eins der Flugzeuge erhaschten und wieder verloren, und das wütende Geballere der FLAK-Geschütze.

Das war großes Kino.

Ich starrte fassungslos mit offenem Mund in das Lichtermeer über mir und vergaß dabei, mich zu fürchten.

Meine Mutter und ich, wir lagen unter freiem Himmel an der Uferböschung der Chrudimka, eines kleinen Nebenflusses der Elbe, wo auch unsere kleine Vorstadtvilla stand, die keinen Keller hatte, weshalb wir nach draußen gelaufen waren und uns dort ins Gras geworfen hatten.

Zehn Minuten später war alles vorbei, aber vorher gab es noch einen krachenden Einschlag ganz in der Nähe, der zwei Folgen hatte: eine heroische und eine peinliche.

Ein Metallsplitter bohrte sich in meinen rechten Unterschenkel und meine Blase leerte sich auf gänzlich unheroische Weise.

Zurück im Haus, legte meine Mutter wortlos eine neue Unterhose auf mein Kinderbett und verband meine Wunde.

Am nächsten Tag, einem Sonntag, inspizierten wir das Ergebnis des nächtlichen Angriffs auf der anderen Seite des Flusses. Mit uns waren viele andere Neugierige gekommen, Deutsche und Tschechen. Die spazierten jetzt in ihren Sonntagsgewändern zwischen den Trümmern herum. So etwas hatten sie noch nie gesehen. Auch ihre Kinder hatten sie mitgebracht und kleine Hunde an der Leine. So also sah ein Bombenangriff aus?

Der Renner war ein Haus, das, ohne größeren Schaden zu nehmen, seitlich in einen Bombentrichter gekippt war. Das sah komisch aus. Ob man das wieder graderichten konnte?

Leider hatte sich der Bombentrichter mit Grundwasser gefüllt, da war wohl das Parkett im Erdgeschoss total verquollen und nicht mehr zu retten, hieß es.

Warum aber hatten die Engländer dieses harmlose Wohnviertel mit den bescheidenen Vorstadthäuschen beharkt? War das Ganze ein Irrtum, und wollten sie eigentlich die Ölraffinerie treffen, meilenweit weg im Norden? Auch über die kleinen Bombentrichter wunderte man sich.

Das konnte mein Vater erklären. Auf einem so langen Flug von Griechenland herauf konnten die keine schweren Bomben oder Luftminen laden, die mussten ja auch wieder zurück, da zählte jedes Kilo. Daher die 50-Kilo-Bomben. Das leuchtete jedem ein.

Eine Woche später fing meine Wunde an zu eitern. Ich erzählte überall, ich hätte einen englischen Bombensplitter abgekriegt. Es war aber nur ein FLAK-Splitter unserer Luftabwehr. Bombensplitter wäre besser gewesen, damit hätte ich angeben können.

Ein tschechischer Chirurg rettete mein Bein, indem er wochenlang jeden Tag den blutigen Verband abfetzte, die Wunde reinigte und neu verband.

Nach diesem seltsamen, irgendwie danebengegangenen Nachtangriff machte sich bei mir der Eindruck breit, all diese Erzählungen von sogenannten Terrorangriffen seien nach dem, was ich hier erlebt hatte, wohl stark übertrieben. Die zerstörten deutschen Städte mit Feuerstürmen und Tausenden von Toten in jeder Nacht wurden in den Wochenschauen nicht gezeigt, das hätte ja den Widerstandswillen zersetzen können, und das musste um jeden Preis vermieden werden.

Man munkelte sogar, Hitler würde nur noch mit verhängten Autoscheiben durch Berlin fahren. Der hatte sich das wohl ganz anders vorgestellt.

DAS BAJONETT

Kurz nach meinem vierzehnten Geburtstag erhielt ich die Aufforderung, an einem vierwöchigen Zeltlager zur »Wehrertüchtigung« teilzunehmen.

Die Sache stand unter keinem guten Stern. Es regnete jeden Tag, die Wiese, auf der unsere Zelte standen, war quietschnass, der Appellplatz eine Schlammpfütze, die Zelte selbst hatten keinen festen Boden, das Stroh, in dem wir schliefen, war feucht und faulte, und wenn man aus Versehen die Zeltleinwand von innen berührte, lief das Wasser an der Wand herunter. Schon am ersten Morgen musste ich den Lagerleiter ersuchen, mich in ein anderes Zelt zu verlegen, da mich in der Nacht ein Hitlerjugendführer in unserem Zehnmannzelt zu unsittlichen Handlungen verführen wollte.

Dann begann die Ausbildung.

Am oberen Ende der Zeltwiese stand ein hölzerner Galgen, an dem vier Sandsäcke hingen. Jeder von uns bekam einen schweren Karabiner K 98 in die Hand gedrückt, an dessen Lauf wir ein Bajonett aufsteckten. Das wurde mehrfach geübt.

Danach liefen wir jeweils zu viert auf ein Kommando mit kriegerischem Gebrüll die leicht ansteigende Wiese hin zum Galgen und rammten unsere Bajonette in die Sandsäcke, die den Feind darstellen sollten.

Auch das weitere Vorgehen war exakt erläutert und eingeübt worden: das Bajonett blitzschnell um 180 Grad drehen, um die Wunde im Körper des künftigen Gegners zu vergrößern, ihn sodann mit dem linken Fuß in den Bauch treten und mit der so gewonnenen Hebelkraft die Waffe herausziehen, um für den nächsten Mann bereit zu sein.

Der Ausbilder schärfte uns noch ein, immer in die Weichteile zu zielen und keinesfalls in die Rippen, da sich das Bajonett dort verkanten würde, wodurch wir wehrlos wären.

Gleich nach der Heimkehr bat ich meinen Vater um ein Gespräch. Ich berichtete ihm, dass ich es mit dem schweren Karabiner, der noch aus dem Ersten Weltkrieg stammte, nur unter Aufbietung meiner letzten Kräfte über die Wiese geschafft hatte, aber kurz vor dem Galgen gestolpert war und das eigentliche Ziel, den Sandsack, verfehlt hatte. Im Ernstfall hätte ich wohl gegen die in immer neuen Wellen auf mich zukommenden Russen, diese Riesen in den schweren Mänteln mit endlos langen, spitzen Bajonetten an den Gewehren eine Überlebensdauer, die nach Sekunden zu zählen sei.

Mein Vater warf einen nachdenklichen Blick auf meine schwächliche Gestalt und stimmte mir sofort zu.

Am nächsten Abend brachte er aus der Waffenkammer seiner Dienststelle eine halbautomatische Pistole der Marke Česká, Kaliber 7,65 Millimeter mit nach Hause. Auf dem Küchentisch wurde ein kariertes Geschirrtuch ausgebreitet, die Pistole in ihre Einzelteile zerlegt, gereinigt, geölt und wieder zusammengesetzt. Diesen Vorgang musste ich mehrfach wiederholen, am Ende ohne hinzuschauen und mit einem Tuch über den Händen. Bei dieser Gelegenheit bekam ich auch von ihm die erste und einzige Ohrfeige meines Lebens.

Ich hatte den demontierten Griff der Waffe auf meinen Vater gerichtet und auf Kinderart »Bumm, du bist tot!« gerufen. Mein Vater bläute mir ein, nie die Waffe auf einen Menschen zu richten, wenn ich nicht bereit sei, ihn zu töten.

Dann gingen wir in den Obstgarten und schossen auf die Ratten im Hühnerstall. Wir trafen keine einzige.

Diese Pistole habe ich bis zum Kriegsende bei mir geführt. Ich nahm sie oft in die Hand, pflegte sie, entlud das Magazin

und lud es wieder, entsicherte und sicherte sie und benutzte sie nie.

In den letzten Tagen des Krieges, als ich mich einer Gruppe von versprengten Soldaten angeschlossen hatte, die sich im Wald versteckt hielten und ihre eigenen Waffen weggeworfen hatten, riet mir einer von ihnen, das Gleiche zu tun.

Wenn ich damit in Gefangenschaft geriete, würde ich von den Russen sofort erschossen, und das mit vollem Recht. Nach der Haager Landkriegsordnung sei ich kein Kombattant, sondern ein Heckenschütze.

Ich folgte seinem Rat, markierte aber die Stelle unter einer alten Buche im Bergwald, wo ich die Česká 20 Zentimeter tief vergrub, etwa einen Kilometer nordöstlich von Seifen in Sachsen.

DIE LIGHTNING

Anfang Oktober 1944, an einem sonnigen, eiskalten Tag, in den nahe gelegenen Weinbergen lag schon der Reif auf den Trauben, stand ich bis zu den Knien in einem Graben, den ich seit dem frühen Morgen mit Spitzhacke und Spaten ausgehoben hatte.

Dieser Graben an den Ausläufern der Kleinen Karpaten nordöstlich von Bratislava war Teil einer Auffanglinie. Hier sollten die zurückströmenden Heere der deutschen Ostarmee haltmachen und sich der sie verfolgenden Roten Armee entgegenstellen, und wir, an die 300 Oberschüler und Gymnasiasten, sollten dieses Bollwerk bauen oder wenigstens einige hundert Meter davon.

Als wir auf dem Appellplatz im Viereck angetreten waren, sprach unser Lagerkommandant vom »Ostwall, an dem die asiatischen Horden verbluten werden«.

Diesen Satz hatte er wohl von Goebbels übernommen, aber eigentlich machte er auf uns Schüler keinen sehr überzeugenden Eindruck. Er war Kapitänleutnant und trug stets seine blaue Marineuniform mit den goldenen Ärmelstreifen. Sein Schiff war bei einem Luftangriff versenkt worden, und da auch die Werften im fünften Kriegsjahr in Trümmern lagen, fand sich kein Ersatz, und so hatte man ihm dieses für ihn beleidigende Kommando über jugendliche Zivilisten übertragen, die da teils in den Winteruniformen der Hitlerjugend, teils im Räuberzivil vor ihm standen.

Es soll in diesem Stadium des Krieges Hunderte von hohen Offizieren und Generälen gegeben haben, für die die Oberste Heeresleitung keine rechte Verwendung mehr hatte, da ihre Regimenter und Divisionen ausgelöscht worden waren, während sie in ihren weit zurückliegenden Gefechtsständen überlebt hatten.

Unsere Aufgabe war, eine Hauptkampflinie zu errichten, ein Schützengrabensystem samt Unterständen in den Weinbergen und im Schwemmland der Donau. Die Gräben waren im Zickzack angelegt, eine Bauform, die sich schon im Ersten Weltkrieg bewährt hatte. Sie verhinderte, dass ein einziger eingedrungener Feind die ganze Besatzung des Grabens auf einer Länge von 100 Metern oder mehr niedermähen konnte.

Der Feldwebel, der unsere Truppe anführte, erläuterte uns, dass durch das Zickzack die Gefahr des Niedergemähtwerdens um 80 Prozent verringert würde. Das klang überzeugend, betraf uns aber nicht, da wir diese Zickzackgräben, jeweils zwei Schüler für ein etwa zehn Meter langes Teilstück, nur ausheben, aber nicht verteidigen sollten.

Wir hatten ein anderes Problem.

Jeden Tag, pünktlich um 11 Uhr, kamen die englischen Bomberschwärme, die in Griechenland gestartet waren. Dann lief alles wie am Schnürchen.

Zuerst hörten wir das singende Geräusch der Rolls-Royce-Motoren. Dann sahen wir die erste Welle auf Bratislava zufliegen, silbrig in der Sonne glänzend. Im gleichen Moment begannen die 8,8 Zentimeter Flakbatterien ihr Sperrfeuer um die Stadt zu legen, einen hübsch anzusehenden Kranz aus weißen Wölkchen am strahlend blauen Himmel, die ganz langsam vom Wind auseinandergetrieben wurden und sich auflösten.

Da wir um diese Stunde, sosehr wir uns auch beeilten, nur etwa bis zu den Knien im Graben standen, waren wir schutzlos.

Und dann passierte es. Einer der Begleitjäger, eine doppelrumpfige P 38 Lightning, löste sich aus dem Verband, ließ sich fallen, schoss im Sturzflug auf unsere Stellung zu und fegte dann wenige Meter über uns hinweg.

Eben sah ich noch die hellblaue Unterseite des Jägers über

mir, aber bevor ich noch genug Zeit hatte, mich zu fürchten, zog er steil in die Höhe und nahm da oben wieder seinen Platz im Bomberschwarm ein.

Warum hatte er nicht geschossen?

Er hätte doch nur den Daumen seiner rechten Hand, die den Steuerknüppel umfasst, durchdrücken müssen, um eine Salve aus den vier Maschinengewehren im Bug des Jägers auf uns abzufeuern?

Zu dieser Zeit hatten doch die Tiefflieger längst freies Schussfeld und sie nutzten es. Sogar auf ackernde Bauern würden die schießen, hieß es, und auf fahrende Personenzüge.

Unser Scharführer wusste die Antwort, als wir nachts im Stroh unserer Unterkunft dieses vermeintliche Wunder diskutierten.

Die Engländer und die Amis wären ja schön blöd, wenn sie uns daran hindern würden, einen Schutzwall gegen die Russen zu bauen. Denen sei wohl inzwischen klar geworden, dass der Iwan sonst ja ungebremst bis zum Ärmelkanal durchstoßen würde, und dann wäre auch England dran. Das sei ja wohl klar wie Kloßbrühe. Und wenn man das zu Ende denke, sei es ja nur eine Frage der Zeit, wann wir gemeinsam gegen den Iwan loslegen würden.

Bis es so weit sei, müssten wir für die Alliierten eben die Kastanien aus dem Feuer holen. Das würde uns aber später beim Friedensschluss zugutekommen. Die Pläne dafür lägen beim Oberkommando der Wehrmacht längst bereit, die wüssten dort genau, was sie tun.

Dann senkte Hugo, der Scharführer, seine Stimme. Hitler allerdings müsse wohl zurücktreten, der sei nicht zu halten. Er könne ja auf dem Berghof schön privatisieren.

Es würde wohl erst mal eine Übergangsregierung geben, er

habe da was gehört, der Name Galland sei gefallen: Oberst Galland, der berühmte Jagdflieger, auch bei den Feinden hoch angesehen als ritterlicher Gegner, so ähnlich wie Manfred von Richthofen im Ersten Weltkrieg. Bis dahin seien wir hier sicher wie in Abrahams Schoß, gewissermaßen auf neutralem Boden.

Dann schilderte Hugo uns, wie Winston Churchill in seinem Luftschutzanzug mit umgehängter Gasmaske und dem komischen Halbzylinder im Bunker tief unter dem Buckingham-Palast sich über die Luftbilder der Lightning beugt und wie er dann brummt: »Very well, Gentlemen, lasst die Hitler-Boys mal machen« und heftig an seiner Havanna pafft.

Das gefiel uns. Es gefiel uns sogar noch besser als die ständigen Gerüchte von den neuen Wunderwaffen.

Wir wühlten uns tief in das Stroh, das auf dem Betonboden des Dorfkinos von Ratschisdorf aufgeschüttet worden war, und zogen Decken und Mäntel über uns, um uns vor der immerwährenden Kälte zu schützen. In dieser Nacht schliefen wir gut.

Und tatsächlich kam die Lightning bis zu unserer Heimkehr Weihnachten 1944 nicht mehr wieder.

Die hatte wohl inzwischen von höchster Stelle den Befehl erhalten, uns in Ruhe am gemeinsamen Ostwall arbeiten zu lassen.

Das glaubten wir wirklich.

HELGA KAFKA

Im letzten Kriegsjahr hatte ich wiederholt den gleichen Tagtraum: Ich (15) malte mir aus, wie ich auf meinem Sportfahrrad mit den Ballonreifen meine Angebetete, Helga Kafka (14), unter dem Trommelfeuer der Stalinorgeln vor der heranstürmenden Roten Armee rettete. Mein Plan war, sicherheitshalber und ohne anzuhalten bis zum Bodensee durchzufahren.

Bei einem Kindergeburtstag, als wegen der Stromsperre das Licht erlosch und wir auf allen vieren am Boden herumkrochen, hatte ich versucht, sie zu küssen, aber nur ihre Brille getroffen. Nun reichte die Vorstellung, dass sie während der langen Fahrt in den Westen ihre Brüste ständig gegen meinen Rücken pressen würde, um mir immer neue Gefahren auszudenken, denen wir mit immer knapperer Not entgehen würden.

ANGST

Im März 1945 saß ich mit meinem Klassenkameraden Erwin Hawelka, beide waren wir fünfzehn Jahre alt, in einem Erdloch, das wir selbst gegraben und mit einer Zeltplane überdacht hatten.

Uns war bange zu Mute, und dafür hatten wir zwei gute Gründe: Zum einen näherte sich die russische Front mit besorgniserregender Geschwindigkeit, und zum andern mussten wir befürchten, ebendeshalb nach einer kurzen Ausbildung zum »Volkssturm« oder gleich zu einer »Werwolf«-Einheit einberufen zu werden. Kanonenfutter. Darüber wurde offen gesprochen, auch an unserer Schule.

Erwin Hawelka hatte die Lage analysiert und vorgeschlagen, wir sollten uns in sogenannten Einmannlöchern verstecken, uns mit Zweigen tarnen und von der Roten Armee überrollen lassen. Damit hätten wir gleich beide Probleme gelöst. Alles andere würde sich dann schon finden.

Ein Soldat auf Heimaturlaub beobachtete uns seit einiger Zeit, dann kam er näher.

Was wir da trieben?

Wir erklärten ihm unser Vorhaben.

»Ihr seid ja wahnsinnig!«, schrie er uns an.

»Der Iwan fährt mit seinem T34-Panzer über euer Loch und dreht sich so lang im Kreis, bis ihr wie die Wanzen zerquetscht seid!«

Als er in unsere entsetzten Kindergesichter sah, beruhigte er uns: »Hört zu: Ihr müsst auf die Bäume klettern, in die Kronen, da seid ihr sicher. Kein Iwan käme je auf die Idee, nach oben zu schauen. Das liegt nicht in seiner Natur. Gibt ja auch gar keine Bäume in der Steppe!«

Das leuchtete uns ein.

Als der Soldat weggegangen war, kletterten wir auf eine große Buche, indem wir uns gegenseitig halfen und hochzogen. Oben machten wir es uns in einer dicken Astgabel bequem und genossen die wunderbare Aussicht. Es dauerte eine ganze Weile, bis uns dämmerte, dass auch w i r schon von Weitem gesehen werden konnten. Unsere Buche war, wie das ganze Wäldchen ringsum, jetzt, Anfang März, noch völlig kahl, die jungen hellgrünen Triebe fingen gerade erst an zu sprießen. Die Frage war jetzt: Würde Generaloberst Schörner die schlesische Front so lange halten können, bis unsere Buche eine dichte Krone ausgebildet hatte?

Keine drei Wochen später kam meine Mutter mit der Nachricht nach Hause, meine Einberufung sei da. Sie liege auf ihrem Schreibtisch bei der Ortskommandantur und werde in den nächsten Tagen zugestellt.

Nun ging alles ganz schnell. Meine Mutter steckte mich in kurze Hosen, sodass ich wie ein Zwölfjähriger aussah, verbrannte meinen Ausweis und setzte mich in den nächsten Zug in Richtung Westen. Dort, so hieß es, sei die amerikanische Armee kurz davor, die tschechische Grenze zu überschreiten.

Sie selbst musste vorerst bleiben. Sie war kriegsdienstverpflichtet.

EIN UNZEITIGER TOD

Wenige Tage vor dem Ende des Krieges, als man in den stillen Nächten schon das Geschützfeuer aus dem Osten hörte und die Großmutter und ihre Schwester treppauf und treppab liefen, um das Fluchtgepäck zusammenzusuchen, und im Hause alles drunter und drüber ging, starb auch noch zu allem Übel mein Großvater.

Er hatte sich beim Bau eines »Splittergrabens« eine Rippenfellentzündung zugezogen. Diese Gräben mussten auf Anordnung der Kreisleitung der NSDAP in allen Grünanlagen der Stadt ausgehoben werden. Dort sollte sich die Zivilbevölkerung vor den immer häufiger und unerwartet auftauchenden Tieffliegern in Sicherheit bringen.

Von keiner Luftschutzsirene angekündigt, kurvten diese kleinen, wendigen Maschinen wie die Schwalben über die Dächer und die Alleen entlang, feuerten ihre Salven ab und waren auch schon wieder weg.

Als es meinem Großvater schlechter ging, wurde er mit dem Einspänner ins Teplitzer Krankenhaus gefahren. Ich begleitete ihn, sah durch das kleine ovale Fenster auf den Hintern des Pferdes und hoffte, es würde im vollen Trab den Schwanz heben und rhythmisch seine Pferdeäpfel fallen lassen.

Das wollte ich als gutes Vorzeichen werten.

Im Krankenhaus wurde meinem Großvater mit der damals üblichen Methode der Eiter abgesaugt, mit einer in den Körper gerammten Kanüle. Er überstand diese barbarische Therapie sechs Wochen lang, dann starb er und wurde im sogenannten »Herrenzimmer« aufgebahrt.

Bevor die Totenfrau kam, um ihn anzukleiden, schlich ich mich in das auch tagsüber immer düstere, grün-gold tapezierte

Zimmer mit den schweren Samtportieren und den schwarzen Mooreichenmöbeln im Stil des zweiten Kaiserreichs.

Ich sah meinen toten Großvater auf dem Bett liegen, links und rechts brannten schon die geweihten Kerzen, zu seinen Füßen auf einer gedrechselten Säule stand eine Keramikschüssel mit Weihwasser und einem Buchsbaumzweig darin. Er war, bis auf seine goldene Brille, vollkommen nackt, ein schöner, stattlicher alter Mann.

Seine Haut war weiß und faltenlos und schimmerte im dämmrigen Licht. Auch sein überraschend großes Glied war weiß und wohlgeformt. Seinen Unterkiefer hatte jemand mit einem Leinentüchlein hochgebunden, um das Aufklaffen des Mundes zu verhindern.

Er war mein erster Toter, den ich da in vollkommener Stille und Reglosigkeit vor mir liegen sah.

Und dann geschah etwas, das ich in dieser sakralen Stimmung, in diesem dämmrigen Raum, der nach Myrrhe und Weihrauch roch, zu allerletzt erwartet hätte.

Es war ein ungehöriges Geräusch, das sein Körper von sich gab. Ein süßlicher Geruch verbreitete sich im Zimmer. Ich machte, dass ich wegkam, schloss schnell die Tür und mischte mich unter die ersten ankommenden Trauergäste.

DIE KAPITULATION

Ich trat aus dem dichten hellgrünen Buchenwald, in dem ich mich seit einer Woche verborgen hatte, und sah hinunter auf das Dorf. Es schien von seinen Bewohnern verlassen zu sein.

Hinter mir im Dickicht hatte sich ein Trupp von etwa zwanzig versprengten Soldaten versteckt, denen ich mich auf der Flucht vor der Roten Armee und vor den Greifern der deutschen Militärpolizei angeschlossen hatte.

Die Soldaten, meist ältere Männer, die ihre Waffen weggeworfen und sich weiße Taschentücher um die Oberarme gebunden hatten, wollten alle nur eins: die amerikanischen Linien erreichen, die nicht mehr weit sein konnten, und sich dort in Gefangenschaft begeben.

Vielleicht würde man da ja gleich per Schiff nach Amerika gebracht? Das wäre das große Los gewesen.

Fürs Erste müsste man klären, ob die Russen im Dorf seien, und ich, der Jüngste in kurzen Hosen, wurde dazu losgeschickt.

Am Waldrand saßen zwei Kinder, Geschwister vielleicht, im maigrünen Gras. Das Mädchen hatte aus Butterblumen und Gänseblümchen einen Kranz geflochten und dem kleinen Jungen auf den Kopf gesetzt. Dazu summte und sang es leise und melodisch ein Liedchen vor sich hin.

Ob die Russen im Dorf seien? Ja, sie seien da gewesen, aber jetzt seien sie wieder weg. Sie hätten den Großvater erschossen, weil er das Fahrrad nicht hat hergeben wollen, sagte das Mädchen und summte gleichmütig weiter ihre Melodie.

Vom Dorf her war noch immer kein Laut zu hören. Keine Kuh brüllte, nicht einmal ein Hund bellte.

Ich stieg hinunter zu den ersten Häusern, da sah ich sie: Eine junge russische Soldatin im erdfarbenen Kittel, das Schiffchen

mit dem roten Stern schräg in die blonden Haare gedrückt, ein rotes Fähnchen in jeder Hand stand sie mitten auf der Kreuzung und regelte den Verkehr.

Es gab aber weit und breit keinen Verkehr.

Totenstille herrschte.

Nur ein weißgesprenkeltes Huhn stand unschlüssig am Straßenrand.

Die Zeit verging.

Die Soldatin regelte den Verkehr, gab mal die eine, dann die andere Fahrbahn frei, und all das tat sie energisch, mit sichtbarer Freude an der ihr übertragenen Aufgabe und elegant wie eine Ballerina.

Das Huhn beobachtete immer noch die Szene.

Nach einer halben Stunde kam ein kleines grünes Auto mit drei Soldaten darin und dem Sowjetstern auf der Kühlerhaube.

Die blonde Soldatin rollte ihre Fähnchen zusammen, stieg in das Auto und fuhr mit den Anderen weg.

Das geschah am Nachmittag des 5. Mai 1945 in Seifen auf der sächsischen Seite des Erzgebirges.

Hitler war tot, die Waffen schwiegen, das Huhn lief jetzt über die Straße und meine Kindheit war zu Ende.

 Bezugspapier: Hans Traxler, Frankfurt am Main. Gesetzt in der Schrift Walbaum. Gedruckt auf holzfreies, alterungsbeständiges mattgestrichenes Papier der Firma Papier Union, Hamburg von der Memminger MedienCentrum AG. Gebunden in Fadenheftung von der Conzella Verlagsbuchbinderei GmbH & Co KG, Aschheim-Dornach. Printed in Germany.
ISBN 978-3-458-20035-2